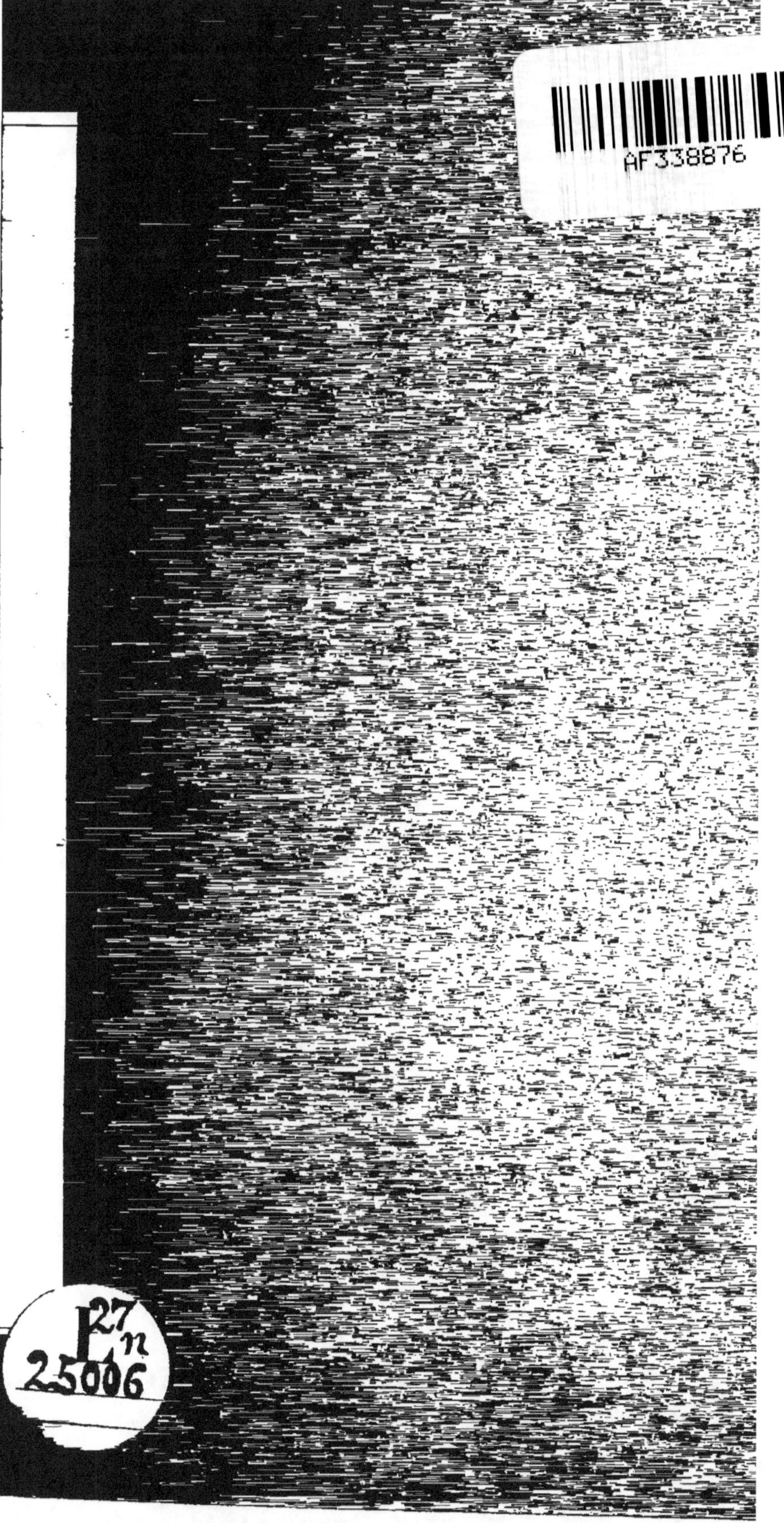

NOTICE

SUR

LE GÉNÉRAL

DELMAS DE GRAMMONT

PAR

M. TAMIZEY DE LARROQUE

PARIS

DE SOYE ET BOUCHET, IMPRIMEURS

PLACE DU PANTHÉON, 2

1862

NOTICE

SUR

LE GÉNÉRAL DELMAS DE GRAMMONT

PAR M. TAMIZEY DE LARROQUE.

Jacques-Philippe DELMAS DE GRAMMONT naquit le 13 juillet 1796, à la Sauvetat-du-Dropt (canton de Duras, Lot-et-Garonne). Son père, Jean-Joseph Delmas de Grammont, qui, avant 89, avait mérité, par ses excellents services, le grade de capitaine au régiment d'Enghien et le titre de chevalier de Saint-Louis, devint, sous la République, chef d'une demi-brigade, montra, en 1793, devant les lignes de Wissembourg, un héroïsme que l'histoire a signalé (1), et ne crut pas acheter trop cher, en l'achetant de son sang généreux, en l'achetant de sa vie (car il mourut, plus tard, de ses blessures), la consolation d'avoir contribué à jeter un manteau de gloire sur les ignominies et les barbaries qui s'accomplissaient en France. Sa mère, Marthe-Sophie de Vivie du Vivier d'Agnac (2), donna l'exemple de toutes les vertus, fut toujours pour les pauvres une seconde Providence, et laissa dans tout le pays une mémoire qui restera bénie et vénérée. Fils d'un héros et d'une sainte, J.-Philippe de Grammont emprunta à son père son admirable patriotisme, à sa mère son incomparable bonté, et l'on peut affirmer que, jusqu'à son dernier jour, il ne cessa d'être digne d'eux.

A peine âgé de seize ans, J.-Ph. de Grammont s'élança

(1) Voir notamment la *France militaire*, par M. Abel Hugo, le frère de notre grand poëte, 1834, 5 vol. gr. in-4°.

(2) Fille de Jacques-Philippe de Vivie du Vivier d'Agnac, chevalier de Saint-Louis, major de la citadelle de Besançon, un des glorieux blessés de Clostercamp, et de Marguerite Henriette de Bourbel de Montpinçon.

(1812) au milieu de ces nobles phalanges qui, après tant de triomphes, furent plutôt écrasées qu’elles ne furent vaincues par les forces réunies de l’Europe, et il fit deux campagnes, dans lesquelles l’enfant sut se montrer un homme. Quand l’armée fut réorganisée, après Waterloo, le jeune de Grammont fut nommé lieutenant au 4e régiment de chasseurs à cheval. Dans le brillant officier de cavalerie d’alors, chacun devina le futur officier général. Les qualités militaires les plus précieuses le distinguaient déjà. Tous ses chefs saluaient en lui l’espoir de l’arme de la cavalerie. Il devint successivement adjudant-major au 12e régiment de dragons, major au 1er régiment de chasseurs à cheval, chef d’escadron au 1er régiment de lanciers, lieutenant-colonel au 1er régiment de dragons, colonel du 8e régiment de hussards.

On sait qu’il fut l’organisateur (1840) de ce magnifique régiment. Il en fit à la fois une savante école et une grande famille. On était fier d’appartenir à un corps aussi beau : on aurait été heureux d’y rester toujours attaché. Le colonel de Grammont était un père pour tous ses soldats, un ami pour tous ses officiers. Il rendait doux et facile à porter le joug de la discipline. C’était le type accompli du colonel. Il tenait tous ses hommes dans la main, et l’affection, la confiance qu’il leur inspirait opéraient des prodiges. Il n’a pas été donné au 8e régiment de hussards de prendre part, sous les ordres d’un tel chef, à nos guerres d’Algérie ; mais je ne crains pas d’avancer que, si ce bonheur lui eût été réservé, il y aurait eu une page extraordinaire de plus dans la glorieuse épopée que contient l’histoire de notre armée.

On vit bien quel lien indissoluble et sacré attachait le 8e régiment de hussards à son colonel, quand vinrent les mauvais jours de 1848. Tous ces hommes se groupèrent étroitement autour de leur noble chef, s’associèrent à toutes ses pensées. Nul n’a oublié cette voix loyale et patriotique du colonel de Grammont, qui la première retentit dans la tempête, qui seule d’abord protesta avec une entraînante énergie contre l’affaissement moral dont les caractères les plus fortement trempés ne se défendaient pas, et qui, comme le clairon qui réveille les soldats au moment du danger, arracha l’armée à sa torpeur, et en fit un inébranlable rempart à la société, que l’on attaquait de toutes parts avec une furie insensée ! A la voix du colonel de Grammont, son régiment répondit comme un seul homme, et l'adresse qui renferme la frémissante expression du dévouement de tous ces cœurs d'élite est le plus bel éloge dont un chef de corps ait jamais été l'objet (1).

Appelé au grade de général de brigade (décembre 1848). M. de Grammont fit partie de l'armée des Alpes. C'est là qu'il connut l'illustre maréchal Bugeaud, et qu'il sut en si peu de temps mériter son estime et sa sympathie. Il seconda admirablement le duc d'Isly dans la tâche difficile d'apaiser les ardentes passions qui menaçaient tous les jours de transformer Lyon en un affreux champ de bataille. Là, comme à Saint-Étienne, le général de Grammont rendit à la patrie les plus éminents services. Par son intrépide fermeté, par sa vigilance infatigable, par sa conciliante sagesse, il triompha, sans tirer l'épée, de cette armée du désordre, bien autrement formidable qu'une armée étrangère ; et cette victoire sans larmes, qui préserva le pays des horreurs de la guerre civile, est plus glorieuse cent fois qu'une victoire qui aurait reculé nos frontières !

Le général de Grammont trouva de dignes récompenses dans l'amitié de plus en plus fraternelle du maréchal Bugeaud, dans la confiance sans bornes que mit en lui le chef de l'État, dans les suffrages si nombreux qui le désignèrent comme représentant, à l'Assemblée législative, de ce département de la Loire qu'il venait de sauver de l'anarchie.

A la tribune, le général de Grammont se fit remarquer par sa parole vive, ardente, colorée, spirituelle ; il la mit au service de toutes les nobles causes. Fidèle à sa promesse aux électeurs, il était toujours sur la brèche « pour défendre les « principes sacrés sur lesquels la société repose. » Dans sa mâle indépendance, il ne craignait pas plus de déplaire à un ministre qu'à la minorité ; il ne parlait au nom d'aucun parti, d'aucune coterie ; son éloquence était l'écho de sa droite conscience. Ses adversaires eux-mêmes rendaient hommage à sa loyauté comme à son talent ; tous respectaient en lui l'image vivante du devoir.

Le plus beau titre de gloire du général de Grammont, con-

(1) Le 8ᵉ régiment de hussards, peu de jours après la mort du général de Grammont, a eu la touchante pensée de faire célébrer un service solennel pour le repos de l'âme de son ancien colonel. La ville entière de Limoges, groupée autour de son évêque et de toutes les autorités, a voulu assister à la funèbre cérémonie, qui est ainsi devenue une émouvante manifesiation du deuil public.

sidéré comme député, est, sans contredit, cette loi protectrice
des animaux, à laquelle son nom restera à jamais attaché, loi
qui peint tout entier cet homme de tant de cœur et de tant de
justice, loi pour l'adoption de laquelle il lutta avec un zèle et
avec une persévérance qui ne recevront jamais assez d'élo-
ges (1). Pendant quelque temps, dans notre railleur pays, on
n'a pas accordé à l'initiative du général de Grammont tout le
mérite qui lui était dû ; mais la lumière la plus éclatante n'a
pas tardé à se faire : le souverain, le clergé (par l'organe du
cardinal Donnet, archevêque de Bordeaux), la magistrature,
ont rendu hommage à la pensée si morale, si élevée, si essentiellement civilisatrice qui a guidé le général de Grammont,
quand il a proposé et soutenu sa célèbre loi ; et chacun aujour-
d'hui s'approprierait volontiers la boutade du très-spirituel
M. A. Toussenel disant (*Revue de Paris* du 1er août 1854) de
la loi qui protége les bêtes : « La meilleure loi que nos légis-
« lateurs nous aient faite depuis un demi-siècle, la seule du
« moins que j'eusse été heureux et fier d'entendre appeler
« par mon nom. »

Le général de Grammont fut nommé président de la Société
protectrice des animaux, qui, comme il aimait à le proclamer,
s'était révélée à lui tout d'abord par un bienfait, en mettant à
sa disposition une foule de précieux documents, qui avaient
pu servir de base à ses discours en faveur de la loi du 2 juillet
1850. Mais son éloignement de Paris ne lui permit pas de
conserver longtemps un titre dont le prix était rehaussé par
le mérite de ceux qui le lui avaient décerné. Le chagrin que
lui causa l'obligation d'abandonner de si honorables fonctions, fut tempéré par la joie qu'il éprouva en se voyant
remplacé dans le fauteuil de la présidence par M. le vicomte
de Valmer, qui lui avait inspiré autant d'estime que d'amitié,
et dont il appréciait l'intelligence élevée et le noble carac-
tère. Rien de ce qui intéressait la Société, dont il était devenu le président honoraire, ne lui fut jamais indifférent, et,
comme il l'avait dit un jour à ses collègues, il assistait à
toutes leurs réunions par le cœur et par la pensée.

(1) Une grand'tante du général de Grammont, Mlle Catherine de Bourbel de
Montpinçon, mariée avec Pierre-Antoine de Pascalis, lieutenant-colonel du régiment de la Reine, aimait tant les animaux qu'elle inclinait vers la croyance à la
métempsicose. De là peut-être pour son petit-neveu une mystérieuse hérédité !

Après le 2 décembre, le général de Grammont commanda pendant quelques jours l'état de siége dans le département de Lot-et-Garonne, et il apporta, dans cette délicate mission, une telle prudence, une telle modération, qu'il n'entendit retentir autour de lui que des cris de reconnaissance, et qu'à force de faire descendre un pardon intelligent sur des hommes plus égarés que coupables, il mérita l'honneur d'être blâmé par des fonctionnaires qu'animait un zèle aveugle et qui oubliaient que l'indulgence n'est pas seulement un grand devoir, mais qu'elle est encore une grande habileté. Le général de Grammont n'avait fait, du reste, en ces circonstances, qu'interpréter les magnanimes sentiments du chef de l'Etat, que devancer, par un noble élan, les commissaires qui furent bientôt envoyés dans les départements pour exercer, au nom du souverain, le droit de grâce le plus étendu.

En janvier 1852, le général de Grammont fut appelé au commandement du département des Basses-Pyrénées. Pendant qu'il était à Bayonne, l'empereur, apprenant que le roi d'Espagne s'approchait de la frontière française, chargea M. de Grammont d'aller le saluer de sa part. Le général partit aussitôt, mais, trop tard averti, il ne put rejoindre le royal voyageur au lieu indiqué. Alors, obéissant à une inspiration bien digne de cette vieille courtoisie française dont il était, tant par goût que par tradition de famille, un des plus chevaleresques représentants, il alla droit à Madrid, franchissant à toute vitesse près de deux cents lieues pour apporter à don François le cordial salut de Napoléon III, et réparant ainsi, de la manière la plus heureuse, un fâcheux contretemps. La cour d'Espagne fut touchée et charmée à la fois de cette démarche si spontanée et si délicate, et la reine témoigna toute sa satisfaction à l'ambassadeur improvisé, en le décorant du grand cordon de l'ordre d'Isabelle la Catholique.

Devenu général de division, M. de Grammont fut choisi (mai 1857) pour commander le camp de Lunéville. Là se déployèrent dans toute leur étendue ses merveilleuses qualités militaires. Dans cette sphère plus large, il put fournir la mesure de tout son mérite. La division de dragons à la tête de laquelle il était placé devint bientôt une division modèle, dont l'empereur vint admirer l'irréprochable tenue et les incomparables manœuvres. L'habile et dévoué commandant supérieur du camp permanent de Lunéville fut, à cette occasion, nommé par Sa Majesté grand officier de la Légion d'honneur, et l'armée entière applaudit à une nomination qui était la plus légitime des récompenses. L'année suivante, l'Empereur voulut revoir à son aise les cavaliers d'élite et le vaillant chef qui lui avaient laissé de si excellents souvenirs, et il les appela au camp de Châlons, où ils justifièrent parfaitement, les uns et les autres, les favorables impressions qu'ils avaient pu plus facilement produire pendant une rapide revue.

La santé du général de Grammont ne lui permit pas, malheureusement, de conserver son beau commandement de Lunéville. Il dut quitter ce palais de Stanislas, où il avait donné tant de fêtes splendides, et où chacun avait retrouvé la grandiose hospitalité des anciens ducs de Lorraine.

Inspecteur général de cavalerie pendant plusieurs années, M. de Grammont remplit ces importantes fonctions avec un soin scrupuleux, et à l'égale satisfaction du ministre de la guerre et de l'armée.

Membre d'une commission formée par le maréchal Randon pour délibérer sur de graves questions militaires, il y exposa les idées les meilleures, les plus pratiques, celles qui pouvaient le plus sûrement amener les progrès les plus considérables.

Mis, en 1859, à la tête d'une division de cavalerie de l'armée de Paris, il avait espéré pouvoir conduire ses valeureux escadrons dans les plaines de l'Italie et couronner sa vie militaire par une de ces actions d'éclat que sa bravoure, son sang-froid et ses talents lui promettaient à la fois. Nos foudroyantes victoires ne permirent pas à son rêve de se réaliser, et, à la nouvelle de la paix de Villafranca, le bon citoyen se consola du pénible mécompte éprouvé par le général.

En juillet 1861 sonna l'heure de la retraite. Le général de Grammont avait passé presque un demi-siècle à l'ombre des plis de ce drapeau qu'il aimait par-dessus tout, et pour lequel il professait une sorte de culte ; il ne s'en sépara qu'avec des regrets déchirants. Tout ce qui pouvait adoucir ces nobles regrets lui fut prodigué. Les sympathies de tous ses compagnons d'armes l'accompagnèrent dans sa retraite, où vint le trouver bientôt une lettre de l'Empereur, pleine des plus flatteurs témoignages d'estime et de cordialité.

Le général de Grammont ne devait pas survivre longtemps à sa séparation de l'armée. Moins d'une année après son retour au pays natal, il est tombé (14 juin 1862) sous le coup d'une apoplexie que rien ne faisait prévoir, même à ceux qui l'aimaient le plus et qui le voyaient sans cesse. La veille encore, il avait passé une journée presque entière debout sous les beaux ombrages et dans les fertiles prairies dont il était le créateur, oasis établie sur un terrain aride, et dont il admirait avec un juste orgueil la riche végétation. La vie des champs semblait devoir prolonger jusqu'aux limites les plus reculées sa vigoureuse vieillesse... Mais, comme l'a dit sur sa tombe une éloquente voix (1), pour cette âme nourrie de travail et d'activité, la retraite devait être fatale. Sa main, sans épée, s'est refroidie.....

Je n'ai point encore parlé des qualités qui, dans le général de Grammont, distinguaient l'homme privé. Je n'ai point dit combien il fut tendre père de famille, ami dévoué, universel protecteur. Je n'ai point dit combien il était bon et affable, avec quel plaisir il rendait service au plus petit ; combien, tout en poussant « le désintéressement personnel presque jusqu'au dédain (2), » il était exigeant quand il s'agissait de demander pour les autres ; avec quel empressement il venait au secours des pauvres ; avec quelle délicatesse, il doublait le bienfait, en déguisant l'aumône sous la forme ingénieuse d'un salaire exagéré, en employant, dans son vaste domaine de Boy-à-Guet, jusqu'à des vieillards, dont le travail apparent sauvait la dignité ; avec quelle paternelle sollicitude il entourait ses ouvriers agricoles de tout le bien-être qui pouvait leur être procuré ; combien, en un mot, il donnait à tous ceux qui avaient besoin de lui un infatigable et généreux appui.

J'ai montré l'homme de cœur. Ai-je besoin de signaler dans le général de Grammont l'homme à la haute intelligence, aux connaissances variées, qui, partout où il a paru, a su si vite se faire apprécier, dans le Conseil général de son département, dans les comités institués auprès du ministère de la guerre, dans l'enceinte de l'Assemblée législative ?... Ce que je dirai seulement, c'est que le général de Grammont était un des plus brillants causeurs de France. Nul ne racontait avec un agrément aussi infini. Il était véritablement passé maître dans

---

(1) Celle de M. E. de Behr, sous-préfet de l'arrondissement de Marmande.

(2) Expressions de M. le baron de Vaux, dans sa notice sur le général de Grammont (*Moniteur universel* du 19 juin 1862).

l'art exquis et essentiellement français de la conversation. La verve méridionale pétillait dans sa parole originale et charmante, et les salons les plus habitués aux spirituels récits garderont longtemps le souvenir des étincelantes saillies de ce gracieux narrateur.

Les funérailles du général de Grammont eurent lieu le dimanche 15 juin. Aucune pompe n'y présida. Le général avait toujours témoigné le désir d'être enseveli simplement. Il avait eu raison. Quelles magnificences auraient pu égaler le pieux empressement que mit une foule innombrable à suivre son modeste cercueil jusqu'au cimetière de Miramont? Et que pouvait-il y avoir de plus solennel et de plus touchant que ce deuil de toute une population accourant de toutes parts pour saluer une dernière fois d'un sympathique hommage le grand homme de bien, et pour prier Dieu de le recevoir dans le ciel?

Paris. — De Soye et Bouchet, imprimeurs, 2, place du Panthéon.

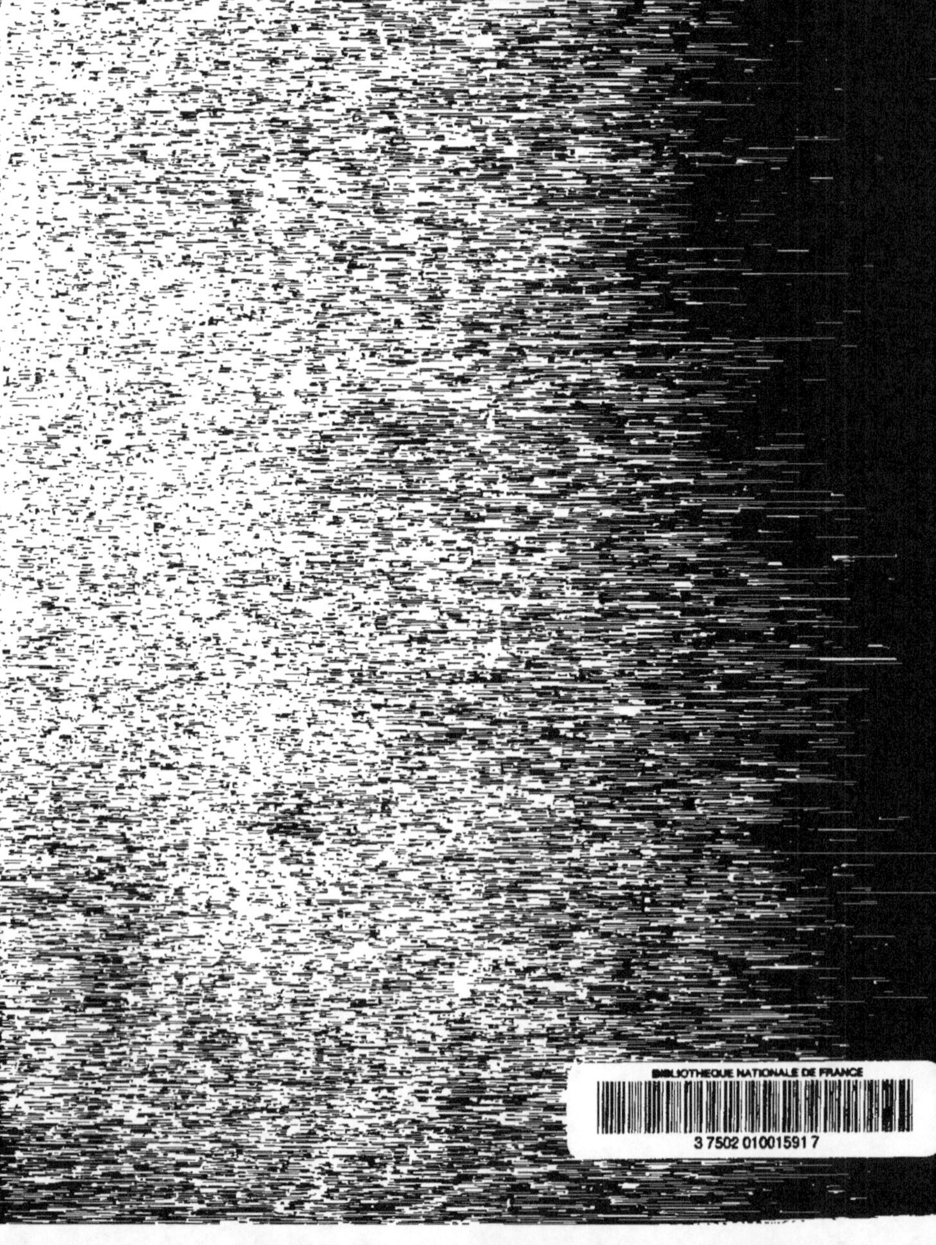